Das Krippen-Jahreszeitenbuch

Spiellieder & Klanggeschichten

Bildnachweis

Freepik.de

Gettyimages.de

Umschlag: worldofvector

S. 1: dvoriankin | S. 5: Jose Luis Pelaez Inc | S. 16: Tony Sweet | S. 23: FamVeld | S. 33: aquamarinka | S. 35: Gerard Soury | S. 57: Neil_ Burton | S. 58: Orbon Alija | S. 72: RelaxFoto | S. 79: FamVeld

Impressum

ISBN: 978-3-96046-117-3

Das Krippen-Jahreszeitenbuch
Spiellieder & Klanggeschichten

Klett Kita GmbH
Rotebühlstr. 77
70178 Stuttgart
Internet: www.klett-kita.de

Redaktion	Myriam Bork, Anja Ulbrich
Redaktionelle Mitarbeit	Nicole Woratz
Autoren	Britta Bartoldus, Marion Bischoff, Kathrin Eimler, Michaela Lambrecht, Anna Neef, Leah Schäfer, Tina Scherer, Yvonne Wagner
Illustrationen	Alexandra Junge, Nadine Liesse
Umschlagillustration	Anke Dammann
Gestaltung und Satz	DOPPELPUNKT, Stuttgart
Druck	Paper & Tinta, Nadma

Kontakt
Telefon: 07 11 / 66 72 58 00
Telefax: 07 11 / 66 72 58 22
kundenservice@klett-kita.de

Gedruckt auf chlorfrei gebleichtem Papier.

Bibliografische Information der Deutschen Nationalbibliothek. Die Deutsche Nationalbibliothek verzeichnet diese Publikation in der Deutschen Nationalbibliografie. Detaillierte bibliografische Daten sind im Internet über http://dnb.d-nb.de abrufbar.

2. Auflage

Inhalt

Frühling

Sommer

Herbst

Winter

Liebe Leserinnen und Leser,

wissen Sie, was ein Löwenzahn, ein Klangfrosch, eine kleine Laterne und ein Karibu gemeinsam haben? Richtig – sie sind alle Protagonisten in unseren Klanggeschichten und können von Ihren Kindern mit Instrumenten musikalisch zum Leben erweckt werden.

Musik spielt in der kindlichen Entwicklung eine große Rolle. Das Zusammenspiel von Melodie, Bewegung, Sprache und Rhythmus ist ein wichtiger Baustein in der körperlichen und geistigen Entwicklung und begleitet die Kinder von Anfang an. Bereits im Mutterleib hören die Babys den rhythmischen Herzschlag ihrer Mutter oder werden im Säuglingsalter mit Liedern zum Einschlafen gebracht. Später bewegen sie sich gern im Takt eines Musikstücks, versuchen einfache Melodien nachzusingen und musizieren mit Kochtöpfen und allem, was sie in ihrer Umgebung finden.

Die Orff-Instrumente helfen den Mädchen und Jungen, die Musik nicht nur zu hören, sondern sie auf ihre eigene Art selbst zu produzieren und sie dadurch erlebbar zu machen.

In diesem Buch finden Sie – passend zu jeder Jahreszeit – Lieder zum Singen, Tanzen und Mitmachen, Klanggeschichten und -gedichte, Bewegungsreime und noch vieles mehr. Alles was Sie brauchen sind Kinder, die Spaß am Musizieren haben, ein paar Orff-Instrumente und Ihre Stimme. Schon kann es losgehen.

Wir wünschen Ihnen und Ihren Kindern
viel Freude mit unseren Ideen!

Ihr Jahreszeitenbuch-Team

Frühling

Ein Hummeltag

Klanggedicht

Alter: ab 2 Jahren
Dauer: 5 Minuten

Material
- Glöckchen
- Handtrommel
- Rassel

Als die liebe Sonne lacht,
ist die Hummel aufgewacht.

Glöckchen spielen.

Die Hummel streckt die Flügel aus
und fliegt herum im Hummelhaus.

Handtrommel reiben.

Als Erstes darf sie nicht vergessen,
ihr leckres Frühstück aufzuessen.

Rasseln.

Nach draußen fliegt die Hummel nun,
hat doch noch ganz viel zu tun.

Handtrommel reiben.

Zu ihrer Freundin fliegt sie dann,
damit sie mit ihr spielen kann.

Handtrommel reiben.

Die Sonne scheint ihr ins Gesicht,
doch das stört die Hummel nicht.

Glöckchen spielen.

Sie klopft nun an das Hummelhaus,
und die Freundin kommt heraus.

Rasseln.

Sie fliegen hin und fliegen her,
denn das gefällt ihnen gar sehr.

Handtrommel reiben.

Die Sonne rät den Hummeln nun,
sich ein bisschen auszuruhn.

Glöckchen spielen.

Drum fliegen sie zum Hummelhaus
und ruhen sich dort etwas aus.

Handtrommel reiben.

Sie liegen und sie schlafen ein,
und träumen einen Traum gar fein.

Rasseln.

Sie träumen vom Spielen und vom Fliegen,
und auch vom in der Sonne liegen.

Handtrommel reiben.

Sie träumen von nem schönen Tag,
wie ihn jede Hummel mag!

Handtrommel reiben.

Idee: Kathrin Eimler

Hurra, jetzt ist er endlich da!

Spiellied

Alter: ab 1 Jahr
Dauer: 15 Minuten

Ja, ja, ja, der Frühling ist jetzt da.
Hört ihr die Vögel auch schon singen?
Ach, wie schön die Lieder klingen!
Ja, ja, ja, der Frühling ist jetzt da!

Ja, ja, ja, der Frühling ist jetzt da.
Hört ihr die Bienen auch schon summen?
Ach, wie schön die Bienen brummen!
Ja, ja, ja, der Frühling ist jetzt da.

Ja, ja, ja, der Frühling ist jetzt da.
Seht ihr die bunten Blumen blühen?
Mit roten, gelben, blauen Blüten.
Ja, ja, ja, der Frühling ist jetzt da.

Hurra, hurra, hurra,
jetzt ist er endlich da!

(Melodie: Hopp, hopp, hopp, Pferdchen lauf Galopp)

Und so geht's:
Singen Sie mit den Kindern das Lied. Bei Ja, ja, ja, der Frühling ist jetzt da klatschen alle in die Hände. Und bei jetzt ist er endlich da halten die Kinder ihre Arme in die Höhe.

Idee: Michaela Lambrecht

Die Tiere begrüßen den Frühling

Klanggeschichte

Alter: ab 3 Jahren
Dauer: 20 Minuten

Material
- Glockenspiel
- Holzblocktrommel
- Xylofon
- Klangstäbe

Es ist Frühling geworden – die Sonne scheint und die Blumen beginnen zu blühen. Die Tiere kommen nun wieder aus ihrem warmen Winterversteck und freuen sich über den Frühling! Ein Vogel zwitschert fröhlich von dem Ast eines Baumes.
Nacheinander mehrere Töne des Xylofons spielen.

Der Vogel begrüßt den Frühling und ruft: „Hallo Frühling!"
Alle Kinder rufen: „Hallo Frühling!"

Auch die Bienen sind glücklich! Sie brummen durch die Luft und fliegen von Blume zu Blume.
Holzblocktrommel mehrmals hintereinander kurz anschlagen.

Die Bienen sammeln Pollen von den Blüten, um daraus leckeren Honig zu erzeugen. Sie rufen fröhlich: „Hallo Frühling!"
Alle Kinder rufen: „Hallo Frühling!"

Noch ein wenig verschlafen tappst auch der Igel aus seinem Bau.
Klangstäbe schlagen.

Der Igel hat den Winter über geschlafen und freut sich nun, dass es wieder warm ist. Er ruft „Hallo Frühling, ich bin wach!"
Alle Kinder rufen: „Hallo Frühling, ich bin wach!"

Über einer Blumenwiese flattert ein bunter Schmetterling. Er ist kaum zu erkennen, denn seine Flügel sind so farbenfroh wie die vielen Frühlingsblumen auf der Wiese.
Mehrere Töne des Glockenspiels spielen.

Auch der Schmetterling ruft: „Hallo Frühling!"
Alle Kinder rufen: „Hallo Frühling!"

Alle Tiere kommen nun zusammen. Gemeinsam freuen sie sich über den Frühling und feiern ein großes, fröhliches Fest!
Alle Instrumente gleichzeitig spielen.

Idee: Michaela Lambrecht

Osterhäschentanz

Tanzlied

Alter: ab 1 Jahr
Dauer: 20 Minuten

Osterhas und Entchen tanzen hin und her,
tanzen hin und her.

Einen Schritt nach rechts und einen Schritt nach links machen.

Wackeln mit dem Popo,
das ist gar nicht schwer.

Stehen bleiben und mit dem Popo wackeln.

(Melodie: Alle meine Entchen)

Idee: Marion Bischoff

Ich schenk dir einen Blumenstrauß

Klanggeschichte

Alter: ab 2 Jahren
Dauer: 15 Minuten

Material

- Klangstäbe
- Glockenspiel

Ich schenk dir einen wunderschönen Blumenstrauß.

Die Klangstäbe anschlagen.

Mit roten Blumen,

Das Glockenspiel anschlagen.

mit gelben Blumen,

Das Glockenspiel anschlagen.

mit orangefarbenen Blumen.

Das Glockenspiel anschlagen.

Und schon ist die Geschichte aus!

Beide Instrumente werden gleichzeitig gespielt.

Idee: Michaela Lambrecht

Klatschen, patschen, stampfen

Spiellied

Alter: ab 2 Jahren
Dauer: 5 Minuten

Tuff, tuff, tuff, die Eisenbahn.
Wer will mit in den Garten fahrn?
Alleine fahren mag ich nicht,
da nehm ich mir alle Kinder mit.

Und so geht's:
Alle Kinder sitzen im Kreis in der Garderobe und machen Ihre Bewegungen nach: Zuerst mit den Händen auf die Beine patschen, dann in die Hände klatschen, dann die Hände über den Kopf heben und klatschen. Jetzt dürfen alle aufstehen und noch mit den Beinen stampfen.

Idee: Michaela Lambrecht

Ein Osterhasentag

Klanggedicht

Alter: ab 2 Jahren
Dauer: 10 Minuten

Material
- Glockenspiel
- Rassel
- Klangstäbe

Die Sonne kitzelt seine Nase,
es wacht auf der Osterhase!

Glockenspiel spielen.

Er möchte nicht mehr länger ruhn,
denn er hat noch viel zu tun.

Rasseln.

Er holt Eier und Pinsel raus,
und setzt sich vor sein Hasenhaus.

Klangstäbe aneinanderschlagen.

Der Has' malt viele Eier an,
damit er sie verstecken kann.

Rasseln.

Er malt mit Rot und Gelb und Grün,
und auch Blau findet er schön.

Rasseln.

Die Vöglein singen ihm ein Lied,
das Häslein singt ganz leise mit.

Glockenspiel spielen.

So malt der Has' den ganzen Tag,
weil er Kinder gerne mag.

Rasseln.

In den Korb legt er die Eier,
freut sich auf die Osterfeier.

Klangstäbe aneinanderschlagen.

Wenn die Sonne untergeht,
legt der Has' sich auch ins Bett.

Glockenspiel spielen.

Damit am nächsten Morgen dann,
er die Eier verstecken kann.

Klangstäbe aneinanderschlagen.

Idee: Kathrin Eimler

Das Häslein

Spiellied

Alter: ab 2 Jahren
Dauer: 5 Minuten

Das Häslein wird am Morgen wach,
Morgen wach, Morgen wach,
das Häslein wird am Morgen wach,
Morgen wach.

Hasenohren am Kopf zeigen.

Es möchte heute Eier färben, Eier färben,
Eier färben,
es möchte heute Eier färben, Eier färben.

Eier mit den Händen zeigen.

Es holt Pinsel und auch Farbe raus, …

Zeigefinger für Pinsel und Handfläche für Farbe zeigen.

Es malt die Eier ganz bunt an, …

Mit Zeigefinger auf der Handfläche und in der Luft malen.

Es legt die Eier in den Korb, …

Korb mit Arm andeuten, Eier hineinlegen.

Es schnallt den Korb auf seinen Rücken, …

Auf den Rücken klopfen.

Jetzt hüpft es zu den Kindern hin, …

Ohren zeigen, Kopf hin- und herbewegen.

Der Has' versteckt die Eier nun, …

Eier um sich herum verstecken.

Dann hüpft der Has' ganz schnell nach
Haus, …

Ohren zeigen, Kopf hin- und herbewegen.

Jetzt ruht der Has' sich erst mal aus, …

Hinlegen.

(Melodie: Dornröschen war ein schönes Kind)

Idee: Kathrin Eimler

Das Glitzern des Morgentaus

Klanggeschichte

Alter: ab 2 Jahren
Dauer: 10 Minuten

Material
- Regenmacher
- Triangel/Glöckchen

Die Sonne wacht auf und schickt ihre Strahlen zur Erde. Die Strahlen fallen in den Garten, auf Blumen und Pflanzen.
Regenmacher spielen.

Auf den Schneeglöckchen sitzen viele kleine Tröpfchen. Sie glitzern in den Sonnenstrahlen.
Triangel/Glöckchen spielen.

Auch auf dem Rasen sind kleine Tropfen zu sehen. Sie funkeln in den Sonnenstrahlen.
Triangel/Glöckchen spielen.

An den Ästen eines Strauches sitzen kleine Tröpfchen. Sie glänzen in den Sonnenstrahlen.
Triangel/Glöckchen spielen.

Eine Spinne hat ein Netz gesponnen. Die Tröpfchen hängen an den dünnen Fäden und funkeln wie tausend Perlen.
Triangel/Glöckchen spielen.

Überall im Garten ist der Morgentau zu sehen. Überall glitzern die Sonnenstrahlen in den kleinen Wassertröpfchen.
Triangel/Glöckchen spielen.

Die Sonne steigt höher. Es wird wärmer. Die Tropfen verschwinden bis zum nächsten Morgen.
Regenmacher spielen.

Idee: Kathrin Eimler

Da hüpft ein kleiner Hüpfer

Mitmachlied

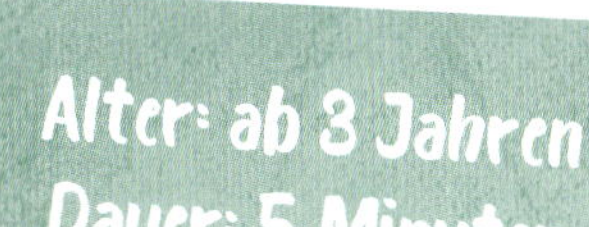

Da hüpft ein kleiner Hüpfer
über Wiesen, Gras und Feld.
Er schüttelt seine Beine,
weil ihm das so gut gefällt.

Refrain:
Komm, mach mit und schüttel dich,
Spaß hast du da sicherlich!
Komm, mach mit und schüttel dich,
Spaß hast du da viel!

Da hüpft ein kleiner Hüpfer
über Wiesen, Gras und Feld.
Er stampft mit seinen Beinen,
weil ihm das so gut gefällt.

Refrain:
Komm, mach mit und schüttel dich,
...

weitere Strophen:
Er rollt sich auf dem Rücken ...
Er tanzt auf allen Beinen ...
Er gähnt und reckt und streckt sich ...

(Melodie: Ich bin ein dicker Tanzbär)

Und so geht's:
Die Kinder singen das Lied und machen dabei die jeweils in der Strophe gesungene Bewegung mit. Denken Sie sich gemeinsam auch weitere Bewegungen aus, die Sie ganz einfach in den Text einpassen.

Idee: Tina Scherer

Hummelflug

Klanggedicht

Alter: ab 1,5 Jahren
Dauer: 5 Minuten

Material
- Rassel für jedes Kind

Was hör ich da für ein Gebrummel?
Da fliegt ne kleine, dicke Hummel!

Leise rasseln.

Sie fliegt mit lautem Brumm, brumm, brumm
immer dort im Kreis herum.

Laut rasseln.

Sie fliegt ganz schnell jetzt übers Gras
und erschreckt dabei den Has!

Schnell rasseln.

Nun zieht die Hummel ganz ganz leise
über den Blumen ihre Kreise.

Leise rasseln.

Sie setzt sich auf die Blume still,
weil sie dort was essen will.

Gar nicht rasseln.

Sie trinkt den Nektar, den sie gern mag,
denn der macht sie ganz satt und stark!

Laut rasseln.

Sie fliegt wieder los mit lautem Gebrumm,
immer um die Blumen rum.

Laut rasseln.

Die Hummel fliegt zum Hummelhaus
und ruht sich dort nun etwas aus.

Leiser werden beim Rasseln.

Ganz leise hör ich ihr Gesumm,
hör ein leises Brumm, brumm, brumm.

Leise rasseln.

So geht es dann den ganzen Tag,
wie es die Hummel gerne mag.
Mal fliegt sie laut,

Laut rasseln.

mal fliegt sie leise,

Leise rasseln.

auf ihre Hummelbrummelweise.

Lauter und leiser werden, aufhören zu rasseln.

Idee: Kathrin Eimler

Frühling auf der Wiese

Lied

Alter: ab 2 Jahren
Dauer: 5 Minuten

Frühling, oh Frühling, jetzt bist du endlich da.
Und nun beginnt sie, die schönste Zeit im Jahr.
Die Blumen in dem Garten, sie blühen wunderschön,
in allen Farben, sie auf der Wiese stehn.

Frühling, oh Frühling, jetzt bist du endlich da.
Und nun beginnt sie, die schönste Zeit im Jahr.
Die Käfer und die Bienen, sie summen hier herum,
sie suchen Nektar, das finden sie nicht dumm.

(Melodie: Hänsel und Gretel)

Idee: Leah Schäfer

Der Löwenzahn

Klanggeschichte

Alter: ab 2 Jahren
Dauer: 10 Minuten

Material
- Klangstäbe
- Rassel

Auf einer Wiese, inmitten von vielen bunten Blumen, stand ein Löwenzahn. Er hatte einen langen Stängel, hübsch gezackte, grüne Blätter und viele kleine, buschige, gelbe Blütenblätter.

Die Klangstäbe rhythmisch aneinanderschlagen.

Die Blumen auf der Wiese mochten den Löwenzahn. Er war immer fröhlich und kannte viele lustige Geschichten.

Laut rasseln.

Doch eines Tages sagte der Löwenzahn: „Ich kann heute keine lustigen Geschichten erzählen. Ich verblühe und bin einfach zu müde."

Die Klangstäbe langsam aneinanderschlagen.

Die anderen Blumen waren sehr traurig.

Die Klangstäbe langsam aneinanderschlagen.

Doch der Löwenzahn tröstete sie: „Keine Sorge, Freunde, alles wird wieder gut. Ich muss mich nur ein wenig ausruhen."

Die Klangstäbe etwas schneller aneinanderschlagen.

Und schon nach ein paar Tagen hatte der Löwenzahn sein Aussehen verändert. Die gelben Blütenblätter waren verschwunden und dafür war er jetzt voll mit kleinen weichen Flugschirmchen.

Die Klangstäbe schnell aneinanderschlagen.

Die Blumen freuten sich, denn endlich konnte der Löwenzahn wieder lustige Geschichten erzählen.

Laut rasseln.

Der Wind kam auf und pustete ein Schirmchen nach dem anderen hoch in die Luft. Sie flogen über die Wiese und da, wo sie landeten, würde schon bald ein neuer Löwenzahn wachsen.

Die Klangstäbe schnell aneinanderschlagen.

Alle Blumen freuten sich mit dem Löwenzahn.

Laut rasseln.

Idee: Leah Schäfer

Ein Hase hoppelt durch den Wald

Lied

Alter: ab 2 Jahren
Dauer: 5 Minuten

Ein Hase hoppelt durch den Wald,
die Pfoten werden ihm schon kalt,
denn er trägt Eier in der Hand.
Er hat sie angemalt, er hat sie angemalt,
er hat sie ganz bunt angemalt.
Er hat sie angemalt, er hat sie angemalt,
er hat sie ganz bunt angemalt.

Der Hase sucht sich ein Versteck,
da hinten hat er es entdeckt,
ein Strauch mit schönen Blüten dran.
Da legt er sie hinein, da legt er sie hinein,
die bunten Eier legt er da hinein.
Da legt er sie hinein, da legt er sie hinein,
die bunten Eier legt er rein.

Dann hoppelt er ums nächste Eck,
schon ist der Osterhase weg,
und alle Kinder suchen jetzt.
Wo hat er sie versteckt? Wo hat er sie versteckt?
Wo sind die Eier nur versteckt?
Wo hat er sie versteckt? Wo hat er sie versteckt?
Wo sind die Eier nur versteckt.

(Melodie: Die Affen rasen durch den Wald)

Idee: Leah Schäfer

Brummelbiene

Spiellied

Alter: ab 2 Jahren
Dauer: 10 Minuten

Es fliegt die Biene mit Gebrumm in unsrem Garten rum, brumm, brumm.
Es fliegt die Biene mit Gebrumm in unsrem Garten rum.

Durch den Raum rennen.

Sie fliegt schnell zu der Blume dort, und gleich darauf zum nächsten Ort.

Kurz irgendwo anhalten, dann weiterrennen.

Es fliegt die Biene mit Gebrumm in unsrem Garten rum.

Durch den Raum rennen.

Es fliegt die Biene mit Gebrumm in unsrem Garten rum, brumm, brumm.
Es fliegt die Biene mit Gebrumm in unsrem Garten rum.

Durch den Raum rennen.

Sie sammelt fleißig Nektar ein, und macht daraus den Honig – fein.

So tun, als würde man etwas einsammeln, danach den Bauch reiben.

Es fliegt die Biene mit Gebrumm in unsrem Garten rum.

Durch den Raum rennen.

(Melodie: Es tanzt ein Bi-Ba-Butzemann)

Idee: Leah Schäfer

Aprilwetter

Lied

Alter: ab 2 Jahren
Dauer: 5 Minuten

Heute, ja da scheint die Sonne,
sie scheint warm und hell, sie scheint warm und hell.
Ich nehm meinen Sonnenhut und lauf nach draußen schnell,
ich nehm meinen Sonnenhut und lauf nach draußen schnell.

Eine große Regenwolke,
zieht am Himmel auf, zieht am Himmel auf.
Plötzlich fängt es an zu regnen, es tropft auf mich drauf,
plötzlich fängt es an zu regnen, es tropft auf mich drauf.

Und nun scheint die Sonne wieder,
Regen ist vorbei, Regen ist vorbei.
Im April ist komisches Wetter, bald schon kommt der Mai,
im April ist komisches Wetter, bald schon kommt der Mai.

(Melodie: Fuchs, du hast die Gans gestohlen)

Idee: Leah Schäfer

Sommer

Backe, backe Sandkuchen

Spiellied

Alter: ab 1,5 Jahren
Dauer: 5 Minuten
Ort: Sandkasten

Material

- verschiedene Kuchenbackformen als Sandspielzeug Siebe
- Stöckchen und Gänseblümchen zum Dekorieren

Backe, backe, Kuchen,
der Bäcker hat gerufen.
Wer will guten Kuchen backen,
der muss haben sieben Sachen:
Eier und Schmalz,
Zucker und Salz,
Milch und Mehl.
Safran macht den Kuchen gehl.
Schieb, schieb in 'n Ofen rein.

Und so geht's:

Im Sandkasten singen Sie zuerst das Lied *Backe, backe Kuchen*. Vielleicht möchten die Kinder ja schon mitsingen. Was wollen wir für einen Kuchen backen? Lassen Sie die Kinder einen Kuchen auswählen, den sie backen möchten, und überlegen Sie gemeinsam, welche Zutaten dafür benötigt werden (hier sind natürlich auch Fantasiezutaten oder nur ganz wenige Zutaten erlaubt).
Spielen Sie das Backen nach, indem die Mädchen und Jungen alle „Zutaten" aus Sand in ein Kuchenförmchen geben. Der Kuchen wird bei **Schieb, schieb** in einen fiktiven Ofen geschoben. Nachdem der Kuchen fertig gebacken ist, wird er gestürzt und nach Belieben mit gesiebtem Sand, Stöckchen und Gänseblümchen verziert.

Idee: Michaela Lambrecht

Ein Gewitter zieht auf

Trommelgeschichte

Alter: ab 1 Jahr
Dauer: 10 Minuten

Material
- Eimer und Löffel für jedes Kind

Heute ist es ganz schön heiß, doch am Himmel ziehen die ersten Wolken auf.
Ganz leise mit den Löffeln über die Eimer streichen.

Es beginnt ganz leicht zu tröpfeln.
Ganz zart und leise mit den Löffeln auf die Eimer schlagen.

Dann kommt Hagel dazu.
Lauter trommeln.

Jetzt donnert es. Immer lauter und lauter wird der Donner.
Laut trommeln.

Zack! Ein Blitz zuckt über den Himmel.
Ein einziger lauter Schlag.

Doch was ist das? Der Himmel wird wieder heller. Der Hagel hört auf.
Wieder leiser trommeln.

Der Regen und der Wind hören auf, die Sonne kommt heraus – und alles ist wieder hell und still.
Stille.

Idee: Tina Scherer

Im Planschbecken

Klatschreim

Alter: ab 1 Jahr
Dauer: 10 Minuten

Im Planschbecken, im Planschbecken,
da geht es lustig zu.
Ein Ball fliegt rein, ein Ball fliegt rein,
und nass wirst erst mal du.

Ins Planschbecken, ins Planschbecken,
hüpfen wir flott hinein.
Das Wasser spritzt, das Wasser spritzt,
und Mama schreit: „Oh nein!“

Im Planschbecken, im Planschbecken,
da fährt das kleine Boot.
Es schippert hin und schippert her,
sein Ruder das ist rot.

Und so geht's:
Klatschen Sie im Rhythmus mit den Kindern diesen Reim oder nutzen Sie besonders heißes Wetter, um im Takt ins Planschbeckenwasser zu patschen. Das macht den Kindern riesigen Spaß und sie üben ganz unbewusst das Taktgefühl.
Variieren Sie bei geübteren Kindern die Reimgeschwindigkeit. Dadurch verändert sich auch der Klatschrhythmus entsprechend und bietet den Kindern immer neue Herausforderungen.

Idee: Marion Bischoff

Im Froschteich ist was los!

Klanggeschichte

Alter: ab 1 Jahr
Dauer: 10 Minuten

Material
- Trommel
- Xylofon
- Triangel, Rassel
- Klangfrosch oder Klangstäbe
- Glöckchen

Die Sonne geht auf.
Mit der Handfläche langsam von oben nach unten über eine Trommel streichen.

Am Froschteich ist es ganz still.
Kurze Pause ohne Geräusche.

Alle Frösche schlafen noch tief und fest.
Kinder erzeugen Schnarchgeräusche.

Doch dann ruft der älteste Frosch: „Guten Morgen!"
Den Klangfrosch 4-mal hintereinander spielen.

Nun wachen alle Frösche Groß und Klein auf, und rufen mit einem fröhlichen Quak, quak, quak „Guten Morgen" zurück.
Die Kinder rufen: „Quak, quak, quak."

Der älteste Frosch lädt alle Frösche Groß und Klein zum Sommerfest ein!
Den Klangfrosch 4-mal hintereinander spielen.

Die Frösche eröffnen das Sommerfest mit einem Konzert. Die Lieder sind lustig, und alle Frösche fangen an zu tanzen.
Die Kinder klatschen die Hände zusammen.

Ein Frosch lädt danach alle zum Wetthüpfen ein.
Das Xylofon mit hüpfenden Bewegungen der Hand von unten nach oben spielen.

Drei neugierige Fische schwimmen vorbei und staunen über das Wetthüpfen.
Die Triangel 3-mal anschlagen.

Nach so viel Bewegung bekommen die Frösche Hunger. Gemeinsam nehmen sie eine festliche Mahlzeit ein.
Mit den Glöckchen klingeln.

Nach dem Essen feiern die Frösche mit Musik und Tanz, bis die Sonne untergeht.
Alle Kinder rufen: „Quak, quak, quak." Zeitgleich spielen alle Instrumente.

Am Ende des Tages sagt der älteste Frosch: „Gute Nacht!"
Den Klangfrosch 4-mal hintereinander spielen.

Idee: Anna Neef

Alle meine Entchen

Spiellied

Alter: ab 1,5 Jahren
Dauer: 10 Minuten

Material

- grüner Filz oder 1 grünes Tuch
- ungefähr 30 cm x 40 cm
- etwas blauer Filz oder blauer Stoff
- mehrere Enten aus Holz (am besten 1 Ente für jedes Kind)
- 1 Säckchen

Alle meine Entchen,
schwimmen auf dem See,
schwimmen auf dem See.
Köpfchen in das Wasser,
Schwänzchen in die Höh'.

Und so geht's:

Schneiden Sie aus dem blauen Filz/Stoff einen Teich aus (kleiner als der grüne Filz), auf dem die Holzenten alle Platz haben. Legen Sie den grünen Filz, den „Teich" und die Enten in ein Säckchen.

Zeigen Sie den Kindern das Säckchen und lassen Sie sie das Säckchen befühlen. Öffnen Sie gemeinsam mit den Mädchen und Jungen das Säckchen. Legen Sie zuerst den grünen Filz aus. Erzählen Sie den Kindern, dass dies eine schöne Wiese ist, auf der – jetzt legen Sie den blauen Filz/Stoff darauf – es einen Teich gibt. Wer wohl am Teich lebt? Setzen Sie nun die Enten auf den „Teich". Fordern Sie die Kinder auf, die Enten auf dem „Teich" schwimmen zu lassen. Kennen die Kinder das Lied Alle meine Entchen? Singen Sie es gemeinsam und lassen Sie die Enten passend dazu die Bewegungen machen.

Idee: Britta Bartoldus

Bienen summen, Hummeln brummen

Verse

Alter: ab 1 Jahr
Dauer: 5 Minuten

Seht die Blu-men blüh´n im Gar-ten,
gro-ße, klei-ne al-ler Ar-ten.
Bie-nen sum-men, Hum-meln brum-men,
Gril-len zir-pen laut da-zu.
Hui, da blitzt es, rumms, da don-nert´s
und schon ha'm wir nas-se Schuh.

Gän-se-blu-me, Lö-wen-zahn, wir fah-ren mit der Ei-sen-bahn.
Ro-sen dun-kel-rot, wir fah-ren mit dem Boot.
Grü-ner, grü-ner Klee, wir plan-schen in dem See.

Lie-bes Ent-lein, lie-ber Frosch, lie-be Gans, gu-ten Tag!
Quak, quak, quaak, quak, quak, quaak, quak, quak, quaak!

Und so geht's:
Klatschen Sie die Verse mit den Kindern oder patschen Sie beim Sprechen auf die Oberschenkel.

Idee: Yvonne Wagner

Der Spielplatz

Mitmachgedicht

Alter: ab 1 Jahr
Dauer: 10 Minuten

Durch das große Tor geht's rein,

Mit einer Hand eine imaginäre Tür öffnen.

hört ihr, wie sich die Kinder freun?

Hände an die Ohren legen.

Auf dem Spielplatz ist was los,

In die Hände klatschen.

da gibt es Spaß für Klein und Groß.

Mit beiden Händen nah über dem Boden „Klein" anzeigen und dann die Arme nach oben recken für „Groß".

Im Sandkasten wird schon geschippt,

Schaufelbewegungen nachahmen.

am Matschloch Wasser ausgekippt.

Gießbewegung nachahmen.

Wir bauen eine Burg aus Sand,

Mit beiden Händen einen Berg andeuten.

das habt ihr sicher schon erkannt.

Daumen nach oben recken.

Am Kletterturm geht's hoch hinauf,

Kletterbewegungen nachahmen.

die Rutschbahn runter auf dem Bauch.

Mit einer Hand eine Wellenbewegung in die Luft malen.

Dann hinten ins Gebüschversteck,

Hände vor die Augen legen.

und schwups, sind alle Kinder weg.

Einmal kräftig in die Hände klatschen.

Idee: Marion Bischoff

Schwimmt ein Fischlein

Spiellied

Alter: ab 1 Jahr
Dauer: 10 Minuten

Schwimmt ein Fischlein durchs Wasser,
singt ganz leise „blub, blub".
Futtert hier von den Algen, ach wie geht es ihm gut.

Kommt ein anderes Fischlein, singt ganz leise „blub, blub".
Lass uns zusammen schwimmen, ja, das wäre so gut.

Schwimmen zwei Fischlein durchs Wasser,
singen leise „blub, blub".
Sind jetzt Freunde geworden und es geht ihnen gut.

(Melodie: Kommt ein Vogel geflogen)

Und so geht's:
Setzen Sie sich im Kreis zusammen. Ein Kind ist das Fischlein und „schwimmt" los, indem es durch die Kreismitte geht und Schwimmbewegungen mit den Armen nachahmt. Dazu singen die anderen Kinder die erste Strophe. Ein zweites Kind ist das andere Fischlein, das in der zweiten Strophe auf das erste „zu schwimmt". In Strophe drei halten sich die beiden an einer Hand und mit der anderen Hand ahmen sie wieder Schwimmbewegungen nach.

Idee: Marion Bischoff

Auf der Blumenwiese

Klanggeschichte

Alter: ab 1 Jahr
Dauer: 10 Minuten

Material

- Klangstäbe
- Glöckchen
- Rassel
- Holzblocktrommel
- Tamburin

Heute ist ein wunderschöner Tag. Die Sonne scheint und der Frühling zeigt sich von seiner besten Seite. Eine Gruppe Kinder unternimmt mit ihrer Erzieherin einen Spaziergang auf eine Blumenwiese ganz in der Nähe ihrer Kita.
Auf der Blumenwiese gibt es viel für die Kinder zu sehen. Sie laufen vorsichtig über die Wiese und staunen nicht schlecht: Zwei wunderschöne Schmetterlinge fliegen durch die Luft.

Glöckchen spielen.

Die Schmetterlinge sind gelb und haben rote Punkte auf den Flügeln. Auch die Bienen summen fröhlich vor sich hin. Sie sammeln Pollen von den Blumen, um Honig herzustellen.

Rasseln.

Auf der Blumenwiese gibt es so viele bunte Blumen zu sehen! Tulpen zum Beispiel! Die Kinder pflücken voller Freude einen großen Blumenstrauß.

Holzblocktrommel nacheinander schlagen.

Dabei entdecken sie im Gras ganz viele Ameisen. Sie laufen hintereinander durch die Wiese und tragen Grashalme zu ihrem Ameisenhügel.

Klangstäbe schnell nacheinander schlagen.

Und die Kinder sehen auch einen Grashüpfer! Er hüpft mit großen Sprüngen von Grashalm zu Grashalm.

Tamburin mit Pausen spielen.

Auf einer Blumenwiese gibt es wirklich viel zu entdecken! Zufrieden machen sich die Kinder mit ihrer Erzieherin auf den Weg zurück in die Kita.

Idee: Michaela Lambrecht

Das Nilpferd

Bewegungsreim

Alter: ab 1 Jahr
Dauer: 10 Minuten

Auf dem Boden voller Wonne,

Arme ausbreiten, Augen schließen.

liegt das Nilpferd und schnarcht laut.

Schnarchgeräusche nachahmen.

Es genießt die warme Sonne,

Beide Hände spreizen.

die es wärmt auf seiner Haut.

Mit einer Hand über die andere streicheln.

Kommt das Nilpferdbaby an,

Laufbewegungen nachahmen.

nimmt Anlauf, saust vorbei – und dann,

Einen Arm pfeilschnell nach vorn „schießen lassen".

mit 'nem riesengroßen Platsch,

Einmal fest in die Hände klatschen.

sind sie alle beide nass.

Und so geht's:
Ahmen Sie mit den Kindern die Bewegungen nach. Es ist gut, wenn Sie zuerst den Text langsam vorsprechen und die Bewegungen im Zeitlupentempo dazu ausführen. So lernen die Kinder Zeile für Zeile den Rhythmus und die Verse kennen.

Idee: Marion Bischoff

Der Klangfrosch kommt zu Besuch!

Klanggedicht

Alter: ab 1 Jahr
Dauer: 15 Minuten

Material
- Klangfrosch
- Schuhkarton (blau)

Hallo, unser Besuch ist da!
Im Froschteich schwimmt er wunderbar.

Den Klangfrosch unsichtbar im geschlossenen Karton versteckt halten.

Lieber Klangfrosch, komm doch raus!
Wir warten schon gespannt darauf.

Den Klangfrosch weiterhin versteckt halten; den Karton vorsichtig und leise hin- und herbewegen.

Der Klangfrosch rührt sich nicht. Oh je!
Wie rufen wir ihn? Habt ihr 'ne Idee?

Fragend in die Runde schauen.

Ihr habt eine tolle Idee gehabt –
wir rufen mal ganz laut: „Quak, quak!"

Alle Kinder rufen laut; den Deckel öffnen und den Klangfrosch heraushüpfen lassen.

Hallo Kinder! „Quak, quak!"

Den Klangfrosch 2-mal mit dem Holzstab anspielen.

Eure Begrüßung „Quak, quak!" war
ganz schön laut –
da bin ich aus dem Teich aufgetaucht.

Den Klangfrosch 2-mal sehr laut anspielen.

Könnt ihr es auch ganz leise?
Ich mache es vor auf leise Weise:
„Quak, quak, quak!"

Den Klangfrosch 3-mal sehr leise anspielen; die Kinder den Klang mit der Stimme leise nachahmen lassen.

Jetzt quake ich langsam und gemach:
„Quaaak!"
Liebe Kinder, macht's mal nach!

Den Klangfrosch 1-mal sehr langsam anspielen; die Kinder den Klang mit der Stimme langsam nachahmen lassen.

Nach langsam wird es schneller:
„Quak, quak, quak!" –
Es klingt wie ein Propeller!

Den Klangfrosch 3-mal sehr schnell anspielen; die Kinder den Klang mit der Stimme schnell nachahmen lassen.

Ihr habt ganz toll mitgequakt –
so wird Froschmusik gemacht!

Der Stab kitzelt meinen Rücken,
erst hoch und dann runter.
So quake ich ganz frisch und munter.

Den Klangfrosch mit dem Stab berühren und mehrmals vorführen, wie der Klang erzeugt wird.

Jedes Kind darf nun den Klangfrosch
mal spielen! Kommt her ...
und spielt mit mir, bitte sehr!

Ein Kind spielt in der Mitte vor –
die anderen singen mit im Chor!

Das erste Kind darf in die Kreismitte gehen und mit dem Klangfrosch vorspielen; die anderen Kinder ahmen die Geräusche nach.

Ich singe nun besonders schön,
ach „Quak, quak, quak" –
und ihr macht es mir reihum nach!

Reihum darf jedes Kind 1-mal mit dem Klangfrosch vorspielen; die anderen Kinder ahmen die Geräusche nach.

Jetzt ist das Konzert schon aus –
und euer Klangfrosch geht nach Haus!
Tschüss!

Den Klangfrosch in den Karton hüpfen lassen und den Deckel schließen.

Idee: Anna Neef

Auf der Sommerwiese

Lied

Alter: ab 2 Jahren
Dauer: 10 Minuten

Ich liege auf der Wiese im grünen Gras.
Und schaue in den Himmel, das macht mir Spaß.
Hui, da fliegt mit viel Gebrumm,
ein kleines Bienchen um mich rum.
Ich freue mich und lausche seinem Summ, summ, summ.

Das Bienlein jetzt ganz schnell zu der Blume fliegt,
damit es für den Honig noch Nektar kriegt.
Ist das herrlich anzusehn,
ich mag nicht nach Hause gehn.
Auf der Sommerwiese ist's wunderschön.

(Melodie: Ein Männlein steht im Walde)

Idee: Leah Schäfer

Hoppelhase

Spiellied

Alter: ab 1,5 Jahren
Dauer: 10 Minuten

Bei uns heut im Kreis ein Besucher sitzt,
weißt du denn, was für ein Tier das ist?
Es hoppelt.
Dann kann es ja nur ein Hase sein,
der hoppelt durch unsern Kreis allein,
ein Hase!
Doch jetzt will er nicht mehr alleine sein,
er lädt sich noch einen Freund mit ein,
ein' Freund mit ein.

(Melodie: Laurentia)

Und so geht's:
Zu Beginn sitzt ein Kind in der Hocke in der Mitte des Kreises.
Anschließend hoppelt es durch den Kreis.
Am Ende hüpft es zu einem Kind hin, das mit ihm durch den Kreis hüpft. Danach darf der Hasenfreund in die Kreismitte und eine neue Runde beginnt.

Idee: Leah Schäfer

Eisbär-Sommer

Lied

Alter: ab 2 Jahren
Dauer: 10 Minuten

Auf einem Fels ein Eisbär ...
La-la-la-la-la-la-la-la-la-la-la-la.
Auf einem Fels ein Eisbär sitzt.

Und in der heißen Sonne ...
La-la-la-la-la-la-la-la-la-la-la-la.
Und in der heißen Sonne schwitzt.

Da kommt ein Wagen schnell her...
La-la-la-la-la-la-la-la-la-la-la-la.
Da kommt ein Wagen schnell herbei.

Der hat viel leckres Eis da...
La-la-la-la-la-la-la-la-la-la-la-la.
Der hat viel leckres Eis dabei.

Der Eisbär kauft sich ein Schoko...
La-la-la-la-la-la-la-la-la-la-la-la.
Der Eisbär kauft sich ein Schokoeis.

Jetzt ist zum Glück ihm nicht mehr so ...
La-la-la-la-la-la-la-la-la-la-la-la.
Jetzt ist zum Glück ihm nicht mehr so heiß.

(Melodie: Auf einem Baum ein Kuckuck saß)

Idee: Leah Schäfer

Wiesentanz

Tanzlied

Alter: ab 1,5 Jahren
Dauer: 10 Minuten

Wir tanzen hin und tanzen her,
das fällt uns aber gar nicht schwer.
Fiderallala, fiderallala, fiderallalalala.

Dann drehn wir uns im Kreis herum,
das finden wir auch gar nicht dumm.
Fiderallala, fiderallala, fiderallalalala.

Jetzt hüpfen wir – ei ist das fein,
wir wollen kleine Häschen sein.
Fiderallala, fiderallala, fiderallalalala.

Nun Fäuste boxen in die Luft,
jetzt atmen wir den Sommerduft.
Fiderallala, fiderallala, fiderallalalala.

(Melodie: Ein Vogel wollte Hochzeit machen)

Und so geht's:
Gehen Sie zum Tanzen mit den Kindern zu einer Wiese oder in den Garten. Bei schlechtem Wetter können Sie das Tanzlied auch im Gruppen- oder Turnraum spielen. Die Kinder stehen im Kreis und führen die im Text besungenen Bewegungen aus. Bei Fiderallala klatschen sie im Takt in die Hände.

Idee: Leah Schäfer

Herbst

Kleine Laterne

Klanggeschichte

Alter: ab 2 Jahren
Dauer: 15 Minuten

Material
- Xylofon
- Holzblocktrommel
- Klangstäbe
- Triangel

Es war einmal eine kleine Laterne,
Auf eine Holzblocktrommel klopfen.

die war sehr traurig.
Ein Xylofon entlangstreichen.

Sie würde so gerne leuchten,
aber niemand beachtete sie.
Wieder auf die Holzblocktrommel klopfen.

Plötzlich kam ein kleines Mädchen,
Klangstäbe klopfen.

sah die Laterne
Klangstäbe klopfen.

und zündete sie mit ihrer Mama an.
Triangel anschlagen.

Die Laterne leuchtete wunderschön.
Triangel mehrmals anschlagen.

Da waren alle glücklich! Die kleine Laterne,
das Mädchen und die Mama.
Alle Instrumente dürfen gleichzeitig gespielt werden.

Idee: Michaela Lambrecht

Meine Laterne leuchtet wunderschön!

Spiellied

Material
- 1 kleine Laterne mit elektrischem Stab für jedes Kind

Alter: ab 1 Jahr
Dauer: 15 Minuten

Meine Laterne leuchtet wunderschön.
Die Laterne des Kindes anknipsen.

Ich werde eine Runde im Kreise geh'n.
Ein Kind darf eine Runde mit der Laterne gehen.

Unsere Laternen leuchten wunderschön.
Alle Laternen anknipsen.

Wir werden eine Runde im Kreise geh'n.
Alle Kinder dürfen vorsichtig hintereinander im Kreis gehen.

Und so geht's:
Singen Sie mit den Kindern den Text zu einer frei erfundenen Melodie.

Idee: Michaela Lambrecht

Kürbissuppe

Klanggedicht

Alter: ab 2 Jahren
Dauer: 5 Minuten

Ich hab mir heute Morgen gedacht:
Heute wird Kürbissuppe gemacht!

Handtrommel trommeln.

Ich brauche den Kürbis, Kartoffeln und Möhren,
Gewürze und einen Löffel zum Rühren.

Handtrommel reiben.

Ich schneide den Kürbis in kleine Stücke,
Kartoffeln und Möhren ich dann auch zerhacke.

Mit Fingerspitzen auf die Handtrommel klopfen.

Dabei gebe ich mir natürlich viel Mühe,
im Topf gekocht wird das Ganze mit Brühe.

Handtrommel reiben.

Gewürze hinzu, probieren ob's schmeckt,
der Löffel wird dann auch abgeleckt.

Mit Fingerspitzen auf die Handtrommel klopfen.

Zum Schluss wird nun das Ganze püriert,
und anschließend natürlich noch einmal probiert.

Handtrommel reiben.

Ein bisschen Sahne kommt jetzt hinein,
die Suppe schmeckt nun wirklich sehr fein.

Mit Fingerspitzen auf die Handtrommel klopfen.

Verteilt auf die Teller und etwas garniert,
so wird die leckere Suppe serviert.

Handtrommel trommeln.

Material

- Handtrommeln

Idee: Kathrin Eimler

Lauter Lichtchen!

Spiellied

Material
- Laternenlicht oder Taschenlampe für jedes Kind

Alter: ab 2 Jahren
Dauer: 10 Minuten

Lauter Lichtchen,
Das erste Kind knipst sein Lichtchen an.

lauter Lichtchen,
Das zweite Kind knipst sein Lichtchen an.

hell und klar,
Das nächste Kind folgt.

wunderbar.
Das nächste Kind folgt.

Komm und sieh die Lichter,
lachende Gesichter,
Alle anderen Kinder knipsen nun ihre Lichter an.

kling, klang, kling,
kling, klang, kling!
Alle Kinder stapfen mit den Füßen auf den Boden.

(Melodie: Bruder Jakob)

Idee: Tina Scherer

Wie die Blätter im Wind

Tanz

Alter: ab 1,5 Jahren
Dauer: 10 Minuten

Material
- Entspannungsmusik
- Chiffontücher in Grün, Rot, Gelb und Orange

Betrachten Sie mit den Kindern das Fallen und Wirbeln der Blätter im Herbstwind. Möchten die Kinder dieses Naturschauspiel gern einmal nachtanzen? Hier ist eine kleine Anregung …

Die Kinder bewegen sich zur Einstimmung nach der Musik frei im Raum.

Drehen und strecken

Dann können Sie sich einen Herbsttanz ausdenken, hier ein Beispiel: Die Kinder drehen sich mit den grünen Tüchern im Kreis – zuerst einmal nach links und dann einmal nach rechts. Anschließend dürfen sich die Kinder nach oben strecken und anschließend in die Hocke gehen. So wird das Fallen des Blattes symbolisiert.

Bunte Tücher

Dann kommen die gelben Tücher, die orangefarbenen und die roten. Alle Kinder dürfen dieselben Bewegungen machen. Zum Abschluss lassen alle zusammen die Blätter fallen, indem sie den Tanz zusammen durchführen.

Idee: Michaela Lambrecht

Fledermausnacht

Klanggedicht

Alter: ab 1,5 Jahren
Dauer: 5 Minuten

Material
- Glöckchen

Es ist spät am Abend, ja fast schon Nacht,
da ist die Fledermaus erwacht.

Glöckchen spielen.

Sie breitet ihre Flügel aus
und fliegt heraus aus ihrem Haus.

Glöckchen spielen.

Sie dreht in der Luft ganz viele Kreise
und ist dabei ganz still und leise.

Glöckchen leise spielen.

Ganz schnell fliegt sie, ist ganz geschwind,
sie fliegt so schnell fast wie der Wind.

Glöckchen schnell spielen.

Sehen kann man die Fledermaus kaum,
hängt schon schnell wieder im Baum.

Glöckchen still halten.

Die Fledermaus sucht sich etwas zum Essen,
kleine Insekten mag sie gern fressen.

Glöckchen spielen.

Die fängt sie sogar manchmal im Fliegen,
doch auch im Sitzen kann sie die kriegen.

Glöckchen langsam spielen.

Sie fliegt herum meist in der Nacht,
bis die Sonne früh erwacht.

Glöckchen spielen.

Dann fliegt sie zurück nach Haus
und ruht sich bis zum Abend aus.

Glöckchen leise spielen, still halten.

Idee: Kathrin Eimler

Kinder, liebe Kinder

Spiellied

Alter: ab 2 Jahren
Dauer: 10 Minuten

Material

- Kastanien, Eicheln oder kleine Spielzeuge
- große Schale mit hohem Rand
- Laub

Kinder, liebe Kinder, was raschelt im Laub?
Wir suchen und wir tasten. Wer findet es bald?
Kleine Schätze für die Hände aus Wiese und Wald.
Drum, Kinder, liebe Kinder,
wer findet es bald?

(Melodie: Suse, liebe Suse, was raschelt im Stroh)

Und so geht's:
Sammeln Sie draußen einige schöne Laubblätter. Die Blätter sollten sauber und trocken sein. Füllen Sie die Blätter in eine große Schale, etwa eine Babybadewanne. Tief im Laub können Sie nun kleine Schätze verstecken, zum Beispiel Eicheln und Kastanien für die älteren Krippenkinder, sofern keine Aspirationsgefahr besteht. Je nach Größe Ihrer Laubwanne passen aber auch Spielzeug- oder Kuscheltiere ins Laub, die im Herbst im Laub vorkommen können, etwa Igel, Eichhörnchen oder Mäuse.

Singen Sie das Lied. Dazu passend rascheln und wühlen die Kinder im Laub. Dabei werden sie die Gegenstände ertasten. Am Ende des Liedes darf jedes Kind einen Schatz aus dem Laub ziehen. Gemeinsam können Sie dann alle Teile benennen.

Idee: Tina Scherer

Der kleine Bär, der nicht müde war

Klanggeschichte

Alter: ab 1 Jahr
Dauer: 5 Minuten

Material
- Klangschale

Es war einmal ein kleiner Bär, der war sehr lustig und lebhaft. Er hüpfte und rannte die ganze Zeit. Auch als alle anderen Bären sich bereits auf den Winterschlaf vorbereiteten, war der kleine Bär immer noch munter.

Ein Bär nach dem anderen legte sich zur Winterruhe und schlief ein.
Nacheinander mehrmals die Klangschale anschlagen.

Mit der Zeit wurde auch der kleine Bär allmählich müde
Mehrmals nacheinander die Klangschale anschlagen.

und fiel endlich in einen tiefen, tiefen Winterschlaf.
Klangschale erneut anschlagen.

Idee: Michaela Lambrecht

Kleine Drachen fliegen

Spiellied

Alter: ab 3 Jahren
Dauer: 10 Minuten

Material
- Klangschale

Kleine Drachen fliegen in dem Wind,
fliegen herum und sind doch ganz geschwind,
fliegen hin und fliegen her,
das fällt den kleinen Drachen gar nicht schwer.

Kleine Drachen fliegen hoch hinauf,
fliegen hoch bis hin zum Himmel rauf,
fliegen dort auch um die Wolken rum,
flattern dabei mit ihren Ohren rum.

Kleine Drachen fliegen nun ganz munter,
wieder herab zu der Erde runter,
drehen sich dabei herum im Kreis,
fliegen langsam, sind dabei ganz leis.

Kleine Drachen fliegen jetzt nach Haus,
kleine Drachen ruhen sich dort aus,
schlafen ein und träumen von dem Wind,
der sie jagte durch die Luft geschwind.

(Melodie: Drei Chinesen mit dem Kontrabass)

Und so geht's:
Spielen Sie das Lied als Fingerspiel (bewegen der Hände entsprechend dem Text) oder auch mit ganzem Körpereinsatz (zum Spielen aufstehen, sich entsprechend dem Text groß und klein machen, sich hin- und herbewegen).

Idee: Kathrin Eimler

Das Regenorchester

Klanggeschichte

Alter: ab 2 Jahren
Dauer: 10 Minuten

Material
- Rassel
- Kastagnette
- Handtrommel
- Regenschirm

Zehn winzig kleine Regentropfen leben auf einer Regenwolke.
Zehn Finger hin- und herbewegen.

Die Regentropfen lieben es, wunderschöne Klänge auf der Regenwolke zu erzeugen. Hört mal zu!
Eine Rassel kurz und leicht rasseln.

Überall dort, wohin die Tropfen kommen, sind ihre Regenklänge zu hören. Darüber freuen sich viele Kinder. Die Kinder lauschen sehr gern dem Konzert des Regens.
Eine Kastagnette laut und deutlich spielen.

Eines Tages spannen die Kinder einen Regenschirm auf. Die zehn kleinen Regentropfen entdecken den Regenschirm und fangen an, darauf zu musizieren. Zuerst ganz sanft und leise. Tripf, tripf, tropf, tropf, tripf, tripf, tropf, tropf.
Mit zehn Fingern auf dem Regenschirm leise Regengeräusche erzeugen.

Die Regentropfen haben Spaß und erzeugen ihre Klänge etwas schneller und lauter. Sie hüpfen auf dem Regenschirm ganz munter auf und ab. Tripf, tropf, tripf, tropf, tripf, tropf, tripf, tropf.
Mit zehn Fingern auf dem Regenschirm laute Regengeräusche erzeugen.

Die Regentropfen entdecken dann einen schönen Teich. Dort geben sie ein Teichkonzert. Hört mal zu!
Plitsch, platsch, plitsch, platsch, plitsch, platsch.
Mit der Handfläche auf den Schoß klatschen.

Das Konzert der Regentropfen wird immer stürmischer und lauter, fast wie ein Sommergewitter.
Noch schneller auf den Schoß klatschen.

Dann verwandeln sich die Tropfen in Hagelkörner. Sie geben ein richtiges Trommelkonzert.
Mit den Fingerspitzen auf einer Handtrommel stark betont spielen.

Alle Kinder applaudieren begeistert mit lautem Klatschen. Was für ein tolles Konzert!
In die Hände klatschen.

Die zehn winzig kleinen Regentropfen sind nun ganz müde. Hört mal! Da kommt ein leichter Wind und trägt die kleinen und müden Musiker schaukelnd nach Hause.
Windgeräusche durch Pusten erzeugen.

Idee: Anna Neef

Pfützenspringen

Klanggedicht

Alter: ab 2 Jahren
Dauer: 10 Minuten

Material

- Klanghölzer
- Rasseln

Es regnet, es regnet und alles wird nass,
es regnet, es regnet, das wird gleich ein Spaß.
Rasseln.

Eine Pfütze seh ich vor unserem Haus,
ich ziehe mich an und lauf schnell hinaus.
Klanghölzer aneinanderschlagen.

Ich hüpfe in die Pfütze hinein,
Klanghölzer aneinanderschlagen.
das Wasser spritzt ganz hoch – wie fein!
Rasseln.

Ich hüpfe und springe im Wasser herum,
und dabei drehe ich mich auch um.
Rasseln.

Mit meinem Fuß da stampf ich fest auf,
Klanghölzer aneinanderschlagen.
das Wasser spritzt ganz hoch hinauf.
Rasseln.

Stampfen und hüpfen, das macht so viel Spaß!
Klanghölzer aneinanderschlagen.
Auch meine Hose ist jetzt schon ganz nass.
Rasseln.

Ich stampfe und hüpfe und tanze und singe,
Klanghölzer aneinanderschlagen.
die Tropfen fliegen so toll, wenn ich springe.
Rasseln.

Jetzt ist auch meine Jacke ganz nass,
nun ist es wohl vorbei mit dem Spaß.
Rasseln.

Ich gehe wieder hinein ins Haus,
Klanghölzer aneinanderschlagen.
mit dem Pfützenspringen ist's jetzt aus.
Rasseln.

Idee: Kathrin Eimler

Kleiner Igel

Spiellied

Alter: ab 2 Jahren
Dauer: 5 Minuten

1 **Kleiner Igel,**
kleiner Igel.
Hände zusammenstecken, Finger aufstellen.

Siehst du ihn?
Siehst du ihn?
Hand an die Stirn halten.

Der Herbst, der ist gekommen,
der Herbst, der ist gekommen,
Flache Hände von oben nach unten bewegen.

bald wird's kalt,
bald wird's kalt.
Sich in den Arm nehmen, Arme reiben.

2 **Kleiner Igel,**
kleiner Igel.
Hände zusammenstecken, Finger aufstellen.

Jetzt ganz schnell!
Jetzt ganz schnell!
Auf der Stelle laufen.

Du musst dich verstecken,
du musst dich verstecken,
Augen zuhalten.

in dem Laub!
In dem Laub!
Hände aufeinander reiben.

3 **Kleiner Igel,**
kleiner Igel.
Hände zusammenstecken, Finger aufstellen.

Schlaf schnell ein!
Schlaf schnell ein!
Kopf auf Hände legen.

Du darfst jetzt lange träumen,
du darfst jetzt lange träumen,
Mit flachen Händen einen Kreis zeigen.

bis der Frühling ruft,
bis der Frühling ruft.
Hände an den Mund legen.

(Melodie: Bruder Jakob)

Idee: Kathrin Eimler

Fritz sammelt Vorräte

Klanggeschichte

Alter: ab 2 Jahren
Dauer: 10 Minuten

Material
- Rasseln
- Klangstäbe
- Handtrommeln

Es war Herbst.

Rasseln.

In einem großen Wald lebte das kleine Eichhörnchen Fritz.

Klangstäbe mehrfach hintereinander anschlagen.

Fritz musste sich vor dem Winter noch Futter suchen. Damit er, wenn alles mit Schnee bedeckt ist, genug zu fressen hat.

Klangstäbe mehrfach hintereinander anschlagen.

Fritz sprang los. Er hüpfte von Baum zu Baum und kletterte an den Ästen entlang.

Klangstäbe mehrfach hintereinander anschlagen.

Er fand Nüsse, Eicheln, Bucheckern und andere Baumsamen.

Rasseln.

Fritz überlegte. „Hmmm, wie bekomme ich denn die ganzen Leckereien nach Hause? Ich habe ja auch keine Tasche, in der ich alles verstauen kann."

Rasseln.

Er beschloss, jemanden zu fragen. Da kam ein Fuchs vorbei. Fritz rief ihn zu sich: „Hallo Fuchs, kannst du mir sagen, wie ich mein Essen nach Hause transportieren kann?"

Mit den Fingern über die Handtrommel streichen.

Idee: Leah Schäfer

Der Fuchs wusste aber keinen Rat, verabschiedete sich und ging weiter.

Die Handtrommel schlagen.

Fritz schaute sich um. Da vorn stand ein Reh. Das wollte er gleich fragen und hüpfte zu ihm.

Rasseln.

Das Reh hatte eine Idee: „Du nimmst immer ein paar Nüsse und versteckst sie irgendwo. Du musst dir nur gut merken, wo deine Verstecke sind."

Rasseln.

Fritz war begeistert. Er bedankte sich bei dem Reh und begann, seine Vorräte überall im Wald zu verstecken.

Klangstäbe mehrfach hintereinander anschlagen.

Als er damit fertig war, musste Fritz erst einmal richtig laut gähnen.

Rasseln.

Er ging zurück nach Hause und kuschelte sich gemütlich ein.

Klangstäbe mehrfach langsam hintereinander anschlagen.

Er freute sich, denn er wusste: Wenn er wieder aufwachte, konnte er einfach zu einem seiner Verstecke gehen und sich etwas zu essen nehmen.

Rasseln.

Dann fielen ihm auch schon seine Äuglein zu.

Alle Instrumente ganz leise spielen.

Gespensterflug

Spiellied

Alter: ab 2 Jahren
Dauer: 10 Minuten

Es fliegen zwei Gespenster
durch die Nacht,
durch die Nacht,
kommt und fliegt uns hinterher, weil das viel Freude macht,
kommt und fliegt uns hinterher, weil das viel Freude macht.
Kommt doch mit!
Kommt doch mit!
Kommt doch mit!

(Melodie: Häschen in der Grube)

Und so geht's:
Zwei Kinder „fliegen" als Gespenster durch den Raum. Jedes Kind sucht sich ein anderes Kind, das beim nächsten Singen „mitfliegt".

Idee: Leah Schäfer

Drachen steigen

Klanggedicht

Material
- Klangstäbe
- Rasseln

Alter: ab 2 Jahren
Dauer: 10 Minuten

Der Wind weht stark, er pustet sehr.
Ich hol mir meinen Drachen her.

Pusten.

Ich halt ihn fest und er steigt hoch,
nur ein kleines Stückchen noch.

Klangstäbe langsam aneinanderschlagen.

Ganz weit oben fliegt er toll,
ob ich ihn wieder holen soll?

Rasseln.

Nein, ich laufe noch ein Stück,
erst dann hol ich ihn zurück.

Klangstäbe langsam aneinanderschlagen.

Die Schnur roll ich jetzt langsam ein,
und nun ist sie wieder klein.

Rasseln.

Jetzt geh ich ganz schnell nach Haus,
und das schöne Spiel ist aus.

Alle Instrumente spielen.

Idee: Leah Schäfer

Winter

Komm, lieber Schnee!

Lied

Alter: ab 1 Jahr
Dauer: 10 Minuten

Komm, lieber Schnee, und mache
den Boden wieder weiß.
Und lasse auch am Bache
das Wasser frieren zu Eis.
Wie gern bin ich jetzt draußen im Flockentanz und auch im Schnee,
wie weiß hat doch gezaubert die Welt die Winterfee!

(Melodie: Komm, lieber Mai, und mache)

Idee: Tina Scherer und Michaela Lambrecht

Wo bist du, kleine Schneeflocke?

Spiellied

Alter: ab 2 Jahren
Dauer: 10 Minuten

Material
- weißes Chiffontuch für jedes Kind

Schneeflocke, Schneeflocke, komm herbei!

Mit einer Hand Winkbewegung zum Körper machen.

Komm herbei!

Nochmals Winkbewegung mit der anderen Hand machen.

Wir wollen tanzen: eins, zwei, drei!

Kinder dürfen sich einmal um sich selbst drehen.

Und so geht's:
Erfinden Sie eine einfache Melodie zum Text. Jedes Mal, wenn das Lied gesungen wird, darf sich ein Kind auf Zehenspitzen stellen und ein weißes Chiffontuch auf den Boden schweben lassen. Das Spiellied wird so lange wiederholt, bis alle Kinder eine „Schneeflocke" haben fliegen lassen.

Idee: Michaela Lambrecht

Kerzen im Advent

Klanggeschichte

Alter: ab 2 Jahren
Dauer: 5 Minuten

Material
- Glöckchen
- Triangel

Wir warten auf Weihnachten. In der Adventszeit ist alles festlich geschmückt. Überall sieht man Kerzen brennen.
Mit den Glöckchen klingeln.

Jetzt in der Adventszeit steht auf unserem Tisch der Adventskranz mit vier Kerzen.
Mit den Glöckchen klingeln.

Jeden Sonntag dürfen wir eine Kerze mehr auf dem Adventskranz anzünden.
Mit den Glöckchen klingeln.

Am 1. Advent zünden wir eine Kerze an. Schau, wie schön sie leuchtet.
Die Triangel 1-mal spielen.

Am 2. Advent zünden wir zwei Kerzen an. Schau, wie schön sie leuchten.
Die Triangel 2-mal spielen.

Am 3. Advent zünden wir drei Kerzen an. Schau, wie schön sie leuchten.
Die Triangel 3-mal spielen.

Am 4. Advent zünden wir vier Kerzen an. Schau, wie schön sie leuchten.
Die Triangel 4-mal spielen.

Jetzt brennen alle vier Kerzen. Ihr Licht leuchtet warm und gemütlich.
Mit den Glöckchen klingeln.

In ein paar Tagen ist Weihnachten. Auf unserem Weihnachtsbaum brennen dann ganz viele Kerzen und der ganze Raum wird in einem schönen Licht leuchten.
Mit den Glöckchen klingeln.

Idee: Kathrin Eimler

Herr Nikolaus

Lied

Alter: ab 1 Jahr
Dauer: 10 Minuten

Herr Nikolaus, Herr Nikolaus,
bist schon so weit gekommen.
Wir warten hier im Haus auf dich,
und alle Kinder freuen sich.
Herr Nikolaus, Herr Nikolaus,
bist schon so weit gekommen.

Herr Nikolaus, Herr Nikolaus,
wir können's kaum erwarten.
Was steckt wohl drin in deinem Sack,
den du hereinträgst huckepack?
Herr Nikolaus, Herr Nikolaus,
wir können's kaum erwarten.

Herr Nikolaus, Herr Nikolaus,
setz dich in unsre Mitte.
Wie schön, dass du bei uns heut bist,
und zwischen allen Kindern sitzt.
Herr Nikolaus, Herr Nikolaus,
setz dich in unsre Mitte.

Herr Nikolaus, Herr Nikolaus,
komm wieder gut zu dir nach Haus.
Es war so schön, dich hier zu seh'n,
wir wissen, du musst weitergeh'n.
Herr Nikolaus, Herr Nikolaus,
komm wieder gut zu dir nach Haus.

(Melodie: O Tannenbaum)

Idee: Marion Bischoff

Pinguinspielplatz

Klanggeschichte

Alter: ab 1,5 Jahren
Dauer: 10 Minuten

Material

- Glockenspiel, Xylofon oder Metallofon

Der kleine Pinguin Pingi möchte auf den Spielplatz gehen. Dort kann er ganz toll spielen. Pingi geht los.
Einzelne Töne spielen.

Nach kurzer Zeit kommt er an einem Eishügel vorbei. Er muss erst hinaufklettern ...
Einzelne Töne von unten nach oben spielen.

... und dann rutscht er den Berg hinunter.
Schlägel von oben nach unten über die Töne ziehen.

Pingi lacht, das hat Spaß gemacht. Nun ist er auch schon am Spielplatz angekommen.
„Zuerst gehe ich schaukeln", denkt sich Pingi. Er setzt sich auf die Schaukel und schaukelt hin und her. Hui, das macht Spaß. Hin und her.
Schlägel hin und her über alle Töne gleiten lassen.

Nach einer Weile möchte Pingi etwas anderes machen.
„Jetzt gehe ich auf die Hüpfsteine! Dort kann ich hüpfen üben!"
Er hüpft von Stein zu Stein, immer in der Runde.
Abwechselnd verschiedene Töne spielen.

„Puh, das war anstrengend. Jetzt gehe ich rutschen!“, überlegt sich der Pinguin.
Er klettert die Leiter zur Rutsche hinauf ...
Einzelne Töne von unten nach oben spielen.

... und rutscht die Rutsche hinunter.
Schlägel von oben nach unten über die Töne ziehen.

„Das machte Spaß, gleich noch mal!“, freut er sich und steigt wieder die Leiter hoch ...
Einzelne Töne von unten nach oben spielen.

... und rutscht die Rutsche hinunter.
Schlägel von oben nach unten über die Töne ziehen.

Auf dem Spielplatz spielen macht Spaß! Langsam wird es dunkel und Pingi muss nach Hause gehen.
Einzelne Töne spielen.

Er klettert wieder den Eisberg hinauf ...
Einzelne Töne von unten nach oben spielen.

... und geht dann die Stufen hinunter.
Einzelne Töne von oben nach unten spielen.

Schon bald ist Pinguin Pingi zu Hause angekommen. Nachts träumt er von dem tollen Tag auf dem Spielplatz.
Schlägel hin und her über alle Töne gleiten lassen.

Idee: Kathrin Eimler

Kleiner, lieber Schneemann

Tanzlied

Alter: ab 1,5 Jahren
Dauer: 10 Minuten

Kleiner, lieber Schneemann, was stehst du herum?
Stehst und stehst und stehst noch ganz still und ganz stumm.
Komm, hüpf mit uns lustig von Beinchen zu Bein!
Kleiner, lieber Schneemann, lass uns lustig sein!

Kleiner, lieber Schneemann, was stehst du herum?
Stehst und stehst und stehst noch ganz still und ganz stumm.
Komm, tanz mit uns lustig herum und herum!
Kleiner, lieber Schneemann, dreh dich doch mal um!

Kleiner, lieber Schneemann, was stehst du herum?
Stehst und stehst und stehst noch ganz still und ganz stumm.
Komm, stampf mit uns lustig mit Füßen umher!
Kleiner, lieber Schneemann, das ist doch nicht schwer.

(Melodie: Suse, liebe Suse, was raschelt im Stroh)

Und so geht's:
Die Kinder singen das Lied und machen die Bewegungen dazu. Kinder, die noch nicht sicher laufen, wippen und tanzen im Sitzen mit.

Idee: Tina Scherer

Der kleine Spatz

Klanggedicht

Material
- Handtrommel
- Rasseln
- Klangstäbe

Alter: ab 2 Jahren
Dauer: 10 Minuten

Am Morgen wacht der Spatz früh auf,
und breitet seine Flügel aus.

Handtrommel reiben.

Der Spatz ein kleiner Vogel ist,
der gerne Vogelfutter frisst.

Klangstäbe aneinanderschlagen.

Er mag wohl Sonnenblumenkerne,
aber auch Erdnüsse frisst er gerne.

Rasseln.

Am Meisenknödel kann er gut sitzen,
und ein Körnchen sich stibitzen.

Klangstäbe aneinanderschlagen.

Mit seinem Schnabel pickt er dann,
die Schale auf, damit er fressen kann.

Klangstäbe aneinanderschlagen.

Auf einen Ast fliegt er hinauf,
und frisst dort seine Kerne auf.

Rasseln.

Nun fliegt er wieder zum Futterhaus,
und holt sich neue Kerne raus.

Handtrommel reiben.

So geht es fast den ganzen Tag,
weil der Spatz so gerne fressen mag.

Rasseln und Klangstäbe aneinanderschlagen.

Am Abend legt er sich zur Ruh,
und macht beide Augen zu.

Handtrommel reiben.

Idee: Kathrin Eimler

Nikolaus, ja Nikolaus

Mitmachlied

Alter: ab 0,5 Jahren
Dauer: 10 Minuten

Nikolaus, ja Nikolaus,
du gehst heut von Haus zu Haus.
Wir freun uns schon sehr auf dich,
hoffen, du vergisst uns nicht.

Auf der Stelle gehen oder im Sitzen wippen.

Nikolaus, ja Nikolaus,
schon klopfst du an unser Haus.
Wir singen ein Lied für dich,
das gefällt dir sicherlich.

Klopfbewegungen machen.

Nikolaus, ja Nikolaus,
bringst Nüsse, Obst und Freud ins Haus.
Vielen Dank, wie wunderschön,
wir winken dir, auf Wiederseh'n!

Winken.

Und so geht's:
Dieses Lied können Sie zu einer selbst ausgedachten Melodie singen. Auch zur Melodie von *Funkel, funkel, kleiner Stern* passt das Lied, wenn Sie die ersten beiden Zeilen am Ende jeder Strophe einfach wiederholen.

Idee: Tina Scherer

Kleiner Kumpel, wo bist du?

Spiellied

Material
- 1 Plüschpinguin
- 1 Stuhl

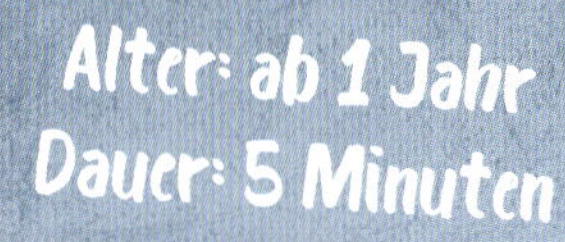

Kleiner Kumpel,
kleiner Kumpel,
wo bist du?
Wo bist du?

Den Pinguin zeigen/hochhalten.

Ich bin doch hier unten!
Ich bin doch hier unten!

Den Pinguin unter den Stuhl setzen.

Tralala! Tralala!

Passend zum Gesang in die Hände klatschen.

(Melodie: Bruder Jakob)

Ich bin doch hier oben!

Ich bin doch hier vorne!

Ich bin doch hier hinten!

Und so geht's:
Singen Sie das Pinguinlied. Passend zum Text positionieren Sie einen Pinguin – in der ersten Strophe unter dem Stuhl, in der zweiten auf dem Stuhl, in der dritten vor dem Stuhl, in der vierten hinter dem Stuhl. Können die Kinder, wenn sie das Lied ein zweites Mal singen, selbstständig richtig hinsetzen?

Idee: Michaela Lambrecht

Karibu Karl

Klanggeschichte

Alter: ab 2 Jahren
Dauer: 10 Minuten

Material
- Klangstäbe
- Glockenspiel

Es war einmal ein Karibu. Das Karibu hieß Karl.
Das Karibu Karl wohnte in einem Wald. Dort fühlte es sich sehr wohl. Jeden Tag ging es in seinem Wald spazieren.
Klangstäbe aneinanderschlagen.

Der Winter war gekommen. Der Schnee fiel in vielen weißen Flocken aus den Wolken. Die ganze Erde wurde weiß.
Glockenspiel spielen.

Das Karibu Karl ging durch seinen Wald spazieren.
Es stapfte durch den Schnee.
Klangstäbe aneinanderschlagen.

Das Karibu Karl fing einzelne Schneeflocken mit der Zunge auf.
Der Schnee war nass und kalt.
Glockenspiel spielen.

Das Karibu Karl mochte den Schnee.
Es sah den Schneeflocken gern beim Fliegen zu.
Glockenspiel spielen.

Es lief auch gern durch den Wald und jagte den Schneeflocken hinterher.
Klangstäbe aneinanderschlagen und Glockenspiel spielen.

Einmal stieß das Karibu Karl dabei mit seinem Geweih an einen Ast. Der ganze Schnee fiel von dem Ast auf seinen Kopf. Sein Kopf war ganz weiß vom Schnee.
Glockenspiel spielen.

Das Karibu Karl erschrak so sehr, dass es schnell weglief.
An diesem Tag hatte es genug vom Schnee.
Es legte sich hin und schlief ein.
Klangstäbe aneinanderschlagen.

Idee: Kathrin Eimler

Es ist kalt

Mitmachlied

Alter: ab 2 Jahren
Dauer: 10 Minuten

Wenn ich heut nach draußen geh,
brauch ich Kleidung für den Schnee.
Es ist kalt, es ist kalt,
warme Kleidung brauch ich bald.

Als Erstes kommt die Hose dran,
ich zieh schon mal die Beine an.
Es ist kalt ...

Dann suche ich mir Schuhe aus,
Winterstiefel hol ich raus.
Es ist kalt ...

Stiefel, Hose, was kommt dann?
Die dicke Jacke ist jetzt dran.
Es ist kalt ...

Auf den Kopf was Warmes noch:
Eine Mütze wärmt ihn doch.
Es ist kalt ...

Ein Schal am Hals kommt auch noch mit,
dann bin ich schon winterfit.
Es ist kalt ...

Handschuhe zum Schluss, juchhu,
die Jacke mach ich auch schön zu.
Es ist kalt ...

Jetzt bin ich ganz warm und weich,
nach draußen laufen darf ich gleich.
Es ist kalt, mir ist warm,
friere nicht an Bein und Arm.

(Melodie: Brüderchen, komm tanz mit mir)

Und so geht's:
Die Kinder führen die im Text besungenen Bewegungen durch.

Idee: Tina Scherer

Dinosaurier und Zauberfee

Klanggedicht

Material
- Rasseln
- Handtrommeln

Alter: ab 2 Jahren
Dauer: 5 Minuten

Bald ist wieder der Faschingstag da,
das feiern wir mit lautem Trara!

Rasseln.

Die Cowboys galoppieren daher,
immer schneller, immer mehr.

Handtrommel trommeln.

Die Indianer schleichen auf leisen Sohlen,
wollen sich Pfeil und Bogen schnell holen.

Handtrommel reiben.

Kleine Käfer krabbeln herum,
und machen dabei ein süßes Gebrumm.

Auf Handtrommel tippen.

Die Prinzessin tanzt wie der Wind,
dreht sich herum im Kreise geschwind.

Mit Fingerspitzen auf Handtrommel kreisen.

Die Dinos stampfen auf großen Füßen,
möchten so gerne alle begrüßen.

Mit Fäusten auf Handtrommel trommeln.

Die Fee schwingt ihren Zauberstab,
was sie wohl heute zaubern mag?

Handtrommel reiben.

Der kleine Pirat mit Augenklappe
trägt ein Schwert aus dicker Pappe.

Handtrommel trommeln.

Ja, im Kindergarten ist heute viel los,
und unsere Feier, die ist ganz famos.

Rasseln.

Es wird getanzt, gesungen, gegessen,
die Feier werden wir so schnell nicht vergessen.

Rasseln und trommeln.

Idee: Kathrin Eimler

Karnevalsfeier

Lied

Alter: ab 2 Jahren
Dauer: 5 Minuten

1

Wir feiern heute Karneval,
mit viel Musik und viel Beifall.
Fiderallala, fiderallala, fiderallalalala.

2

Seht, jetzt ist der Pirat dran,
er ruft so gefährlich, wie er kann:
Hähähähä ...

3

Seht, jetzt ist die Prinzessin dran,
sie geht so vornehm, wie sie kann.
Lalalalala ...

4

Seht, jetzt ist der Dino dran,
er brüllt herum, so laut er kann.
Grrr, grrr, grrr, grrr, grrrr ...

5

Seht, jetzt ist der Käfer dran,
er fliegt herum, so schön er kann.
Bsbsbsbsbs ... (oder andere Käfergeräusche)

6

Seht, jetzt ist der Feuerwehrmann dran,
er löscht das Feuer, so schnell er kann.
Tütatütata ...

7

Seht, jetzt ist die schöne Fee dran,
sie schwebt herum, so fein sie kann.
Leileileileilei ...

8

Seht, jetzt ist das Gespenst hier dran,
es gruselt uns, so laut es kann.
Huhuhuhuhu ...

9

Seht, jetzt ist der Indianer dran,
er ruft seinen Ruf, so laut er kann.
Huhuhuhuhu ... (Indianergeräusch)

10

Die Karnevalsfeier ist jetzt aus,
wir alle gehen vergnügt nach Haus.
Fideralala ...

(Melodie: Ein Vogel wollte Hochzeit machen)

Winter, Winter, du musst geh'n!

Tanzlied

Alter: ab 2 Jahren
Dauer: 10 Minuten

Material

- weißes Chiffontuch für jedes Kind

Winter, Winter, du musst geh'n,
wir wollen jetzt den Frühling seh'n.
Zieh davon mit Schnee und Kält',
befrei von Eis die ganze Welt.
Winter, Winter, du musst geh'n,
wir wollen jetzt den Frühling seh'n.

Und so geht's:
Die Kinder stehen oder sitzen in einem Kreis. Ein Kind kommt in die Mitte. Es darf der Frühling sein. Es legt sich auf den Boden im Kreis und breitet sein Tuch über sich. Alle Kinder breiten nun ihr Tuch über dem Kind aus, bis es fast ganz bedeckt ist (Gesicht frei lassen).
Dann singen die Kinder im Kreis das Tschüss-Winter-Lied, beispielsweise zur Melodie von *Funkel, funkel, kleiner Stern*. Nach jedem Singen gehen ein oder zwei Kinder in die Mitte und nehmen ihr Tuch weg. Mit dem Tuch setzen oder stellen sie sich zurück in den Kreis. Ist das Kind in der Mitte frei von Tüchern (außer dem eigenen), setzt es sich auf und ruft: „Der Frühling ist da!"

Idee: Tina Scherer

Wer steht da vor der Tür?

Klanggeschichte

Material

- Klangstäbe
- Rassel
- Handtrommel
- Glöckchen

Alter: ab 1,5 Jahren
Dauer: 10 Minuten

Hört genau hin – da klopft es.
Klangstäbe aneinanderschlagen.

Wer mag das wohl sein?
Rasseln.

Vielleicht der Weihnachtsmann?
Handtrommel schlagen.

Nein, der Weihnachtsmann ist es bestimmt nicht.
Rasseln.

Oder das Christkind?
Mit dem Glöckchen klingeln.

Nein, das Christkind kann es auch nicht sein.
Rasseln.

Ist es Rudolf, das Rentier, mit der roten Nase?
Triangel anschlagen.

Nein, Rudolf steht bestimmt auch nicht vor der Tür.
Rasseln.

Vielleicht ist es ein Schneemann.
Mit den Fingern über die Handtrommel streichen.

Nein, ein Schneemann kann es auch nicht sein.
Rasseln.

Wer kann denn dann bloß vor der Tür stehen? Lasst uns mal nachsehen.
Rasseln.

Alle sind da: Der Weihnachtsmann, das Christkind, Rudolf, das Rentier, und ein Schneemann. Kommt doch herein. Wie schön, dass ihr alle da seid!
Alle Instrumente spielen.

Idee: Leah Schäfer

Eine wilde Schlittenfahrt

Klanggeschichte

Alter: ab 2,5 Jahren
Dauer: 10 Minuten

Material
- Triangel
- Xylofon
- Klangstäbe
- Handtrommel
- Rassel

Es hat geschneit. Paula freut sich.
Rasseln.

Sie möchte mit dem Schlitten fahren. Blitzschnell zieht sie sich an und geht in den Keller, um ihren Schlitten zu holen.
Xylofon Ton für Ton absteigend spielen.

Zum Glück hat sie ihn gleich gefunden. Jetzt schnell raus in den Schnee.
Xylofon Ton für Ton aufsteigend spielen.

Paula stapft durch den Schnee.
Handtrommel anschlagen.

Es schneit die ganze Zeit. Tausende von kleinen Schneeflocken fallen auf die Erde.
Triangel anschlagen.

Paula ist am Rodelhügel angekommen. Langsam zieht sie ihren Schlitten den Berg hinauf.
Xylofon Ton für Ton aufsteigend spielen.

Als sie oben angekommen ist, muss sie erst einmal verschnaufen. „Puh, war das anstrengend!"
Mit den Fingern über die Handtrommel wischen.

Jetzt steigt Paula auf ihren Schlitten und nimmt Schwung. Hui, wie schnell sie hinuntersaust!
Xylofon in einem Zug absteigend spielen.

Und gleich noch mal. Den Berg hinauf.
Xylofon Ton für Ton aufsteigend spielen.

Und wieder hinunter.
Xylofon in einem Zug absteigend spielen.

Und nochmals hinauf.
Xylofon Ton für Ton aufsteigend spielen.

Und wieder hinuntersausen.
Xylofon in einem Zug absteigend spielen.

Paula freut sich. Die Schlittenfahrt hat ihr sehr viel Spaß gemacht.
Rasseln.

Jetzt möchte sie einen Schneemann bauen. Zuerst rollt sie eine große Kugel.
Einmal die Klangstäbe anschlagen.

Danach setzt sie eine zweite Kugel auf die erste.
Einmal die Klangstäbe anschlagen.

Und dann kommt eine dritte noch obendrauf.
Einmal die Klangstäbe anschlagen.

Sie findet noch ein paar Steinchen für das Gesicht.
Mehrmals die Klangstäbe anschlagen.

Jetzt fehlt nur noch eine Karotte für die Nase. Zum Glück hat sie zu Hause noch schnell eine eingepackt.
Einmal die Klangstäbe anschlagen.

Fertig! Paula ist zufrieden. Ein schöner Schneemann und ein toller Tag!
Rasseln.

Idee: Leah Schäfer

In dieser Reihe sind bereits erschienen:

Für die Krippe

Fingerspiele
ISBN: 978-3-96046-084-8

Streichelspiele & Massage-geschichten
ISBN: 978-3-96046-086-2

Mitmachgeschichten & Mitmachgedichte
ISBN: 978-3-96046-116-6

Für die Kita

Bewegungsspiele
ISBN: 978-3-96046-083-1

Spiellieder & Klanggeschichten
ISBN: 978-3-96046-085-5

Fingerspiele
ISBN: 978-3-96046-114-2